BEI GRIN MACHT SICH IHR WISSEN BEZAHLT

AF137636

- Wir veröffentlichen Ihre Hausarbeit,
  Bachelor- und Masterarbeit

- Ihr eigenes eBook und Buch -
  weltweit in allen wichtigen Shops

- Verdienen Sie an jedem Verkauf

Jetzt bei www.GRIN.com hochladen
und kostenlos publizieren

GRIN ☺

Fabian Prilasnig

Peter Handke und Serbien. Das slawische Element in seinem Werk „Immer noch Sturm"

GRIN Verlag

Bibliografische Information der Deutschen Nationalbibliothek:

Die Deutsche Bibliothek verzeichnet diese Publikation in der Deutschen National-
bibliografie; detaillierte bibliografische Daten sind im Internet über http://dnb.d-
nb.de/ abrufbar.

Impressum:

Copyright © 2014 GRIN Verlag GmbH
Druck und Bindung: Books on Demand GmbH, Norderstedt Germany
ISBN: 978-3-656-71274-9

Dieses Buch bei GRIN:

http://www.grin.com/de/e-book/278245/peter-handke-und-serbien-das-slawische-
element-in-seinem-werk-immer-noch

Peter Handke und Serbien

Das slawische Element in seinem Werk „Immer noch Sturm"

Peter Handke – eine Kurzbiographie

Peter Handke wurde am 6. Dezember 1942 in Griffen geboren und sein leiblicher Vater war deutscher Unteroffizier und bereits verheiratet, als er seine Mutter *Maria* (geb. Siutz) kennenlernte. Noch vor seiner Geburt heiratete seine Mutter einen anderen Soldaten, *Bruno Handke*, und er wurde kurz nach seiner Geburt in der ehemaligen Klosterkirche von Stift Griffen katholisch getauft. Von je her hatte er ein enges Verhältnis zu seinem Großvater mütterlicherseits, *Gregor Siutz*, der als Bauer und Zimmermann arbeitete. Im Jahre 1944 zog er mit seiner Mutter zu den Eltern ihres Mannes in den Ostteil Berlins, das sie kurz vor der Blockade Berlins durch die Sowjets im Juni 1948 wieder verließen und in den Heimatort der Mutter übersiedelten. Von 1948 bis 1952 besuchte er die Volksschule Griffen und danach zwei Jahre die Hauptschule, bevor er im Jahre 1954 in das katholisch-humanistische Gymnasium Tanzenberg bei Maria Saal wechselte, wo er als Internatszögling bis zur siebten Klasse seine Schulzeit verbrachte. Im Jahre 1959 wechselte er ins Bundesgymnasium nach Klagenfurt, wo er im Jahre 1961 die Reifeprüfung mit Auszeichnung bestand. Schon während seiner Schulzeit war Handke schriftstellerisch tätig und sein Interesse an der slawischen Balkankultur wurde deutlich, da er anstatt mit seiner Matura-Klasse nach Griechenland zu fahren, allein nach Jugoslawien reiste. Im selben Jahr begann er mit dem Studium der Rechtswissenschaft in Graz, wo er Verbindungen zu dem Literaturkreis „Grazer Gruppe" pflegte und sich der Schriftstellergruppe „Forum Stadtpark" anschloss. Nach der Annahme seines ersten Romans „Die Hornissen" durch den Suhrkamp Verlag brach er im Jahre 1965 sein Studium ab und widmete sich ausschließlich der Schriftstellerei. Bereits im April 1966 stellte er sein erstes Schauspiel „Publikumsbeschimpfung" bei einem Treffen der „Gruppe 47" in Princeton vor,

1

welches in Frankfurt am Main uraufgeführt wurde. Im November 1971 beging seine Mutter nach jahrelangen Depressionen im Alter von 51 Jahren Selbstmord, woraufhin die Erzählung „Wunschloses Glück" über das tragische Leben seiner Mutter entstand. In den Jahren 1973 bis 1977 war er Mitglied der Grazer Autorenversammlung und lebte ab 1973 in Paris, kurzfristig in Amerika, bevor er im Jahre 1979 nach Salzburg zurückkehrte. Seit dem Jahre 1990 lebt Handke in der Gartenstadt Chaville bei Paris.

Peter Handke – Museum in Stift Griffen

Im August 1997 konnte durch den Verein „Kulturinitiative Stift Griffen" im ehemaligen Prämonstratenser-Stift-Griffen eine Peter-Handke-Ausstellung eröffnet werden, die anlässlich seines 70. Geburtstages im Herbst 2012 zum Teil aktualisiert und erweitert wurde. Ein besonderes Anliegen dieses Vereins, der seit seiner Gründung im Jahre 1996 schon einige Kulturveranstaltungen in Stift Griffen durchgeführt hat, ist die wissenschaftliche Betreuung der Peter-Handke-Dokumentation im Obergeschoß von Stift Griffen, die mit ihren rund 50 literarischen Werken von Peter Handke in verschiedenen Sprachen ständig aktualisiert wird. Des Weiteren existiert innerhalb der Dokumentation der Ansatz zu einem Forschungsinstitut mit einem umfangreichen Archiv zusätzlicher Unterlagen zu seinem Leben und Werk. So fanden unter anderem auch schon Handke-Uraufführungen mit professionellen Schauspielern des Wiener Burgtheaters in Stift Griffen statt.[1]

Peter Handke – seine Haltung zu Serbien

Im Oktober 1998 drohte die NATO wegen der serbischen Offensive im Kosovo erstmals mit Luftangriffen, und als Reaktion fuhr Handke demonstrativ nach Belgrad, um seine Solidarität mit dem serbischen Volk zu bekunden. Im Februar 1999 erklärte er dem serbischen Staatsfernsehen, dass sein Platz in Serbien sei,

---

[1] Siehe *Museum Stift Griffen* und *Peter-Hanke-Literaturdokumentation* (besucht am 16.02.2014).

falls es zu den von der NATO angedrohten Luftschlägen kommen sollte, und kritisierte die aus seiner Sicht extrem einseitige Berichterstattung über Serbien in den westlichen Medien.[2] Im März 1999 begann die NATO mit den Luftangriffen gegen Serbien. Handke meldete sich in der Belgrader Zeitung *Politika* zu Wort, indem er seine Schriftstellerkollegen wegen deren Schweigen scharf kritisierte, und somit endgültig in die oft nicht nachvollziehbaren Gefilden der Politik eintauchte. In den Medien wurde Handke als „eine Art serbischer Dichterbonzen" abqualifiziert. Nur die Wochenzeitschrift *Format* sah darin nicht so sehr ein „Einverständnis mit der Politik des Slobodan Milošević, sondern eine Reaktion auf eine fragwürdige Bündnispolitik". Außerdem habe Handke laut eines befreundeten Malers, der mit ihm Anfang April 1999 nach Belgrad gefahren ist, während des ganzen Aufenthaltes in Serbien jeden Kontakt mit Politikern sowie den serbischen Medien verweigert, lediglich für die Belgrader Zeitung *Politika* habe er einige Worte übrig gehabt. Am Tag seiner Heimreise wurde Handke durch den privaten *Rat der Serbischen Weltgemeinschaft* in Belgrad und die jugoslawische Nachrichtenagentur *Tanjug* zum „Serbischen Ritter" ernannt, ein Titel, mit dem seit dem Jahre 1993 Personen mit „außerordentlichen Wohltaten für das serbische Volk" ausgezeichnet werden. In einem Brief von April 1999 stellte Handke auch noch einige angeblich von ihm stammende und in den Medien immer wieder kolportierte Zitate richtig, indem er diesmal vor allem den Übersetzern und nur indirekt den Medien die Schuld an Missverständnisse zuschob. Des Weiteren kündigte er seinen Austritt aus der katholischen Kirche an, da der Papst nicht entschieden genug gegen die NATO-Angriffe auf Jugoslawien reagiert hätte. Ende April 1999 fuhr Handke mit zwei Begleiter nach Banja Luka, um sich beim katholischen Bischof der von Bosnien separierten *Republika Srpska* über die aktuelle Lage zu informieren. Zwei Tage später befand er sich in Belgrad

---

[2] Vgl. Decloedt, Krieg um Peter Handke, S. 189f.

und wurde sogleich von der staatlichen Nachrichtenagentur zum „erwiesenen Freund des serbischen Volkes" hochgejubelt. Zum geplanten Besuch im Kosovo kam es angeblich aus Sicherheitsgründen nicht und im Mai 1999 erschien ein Interview mit ihm, in dem Handke meinte, dass „Antiserbentum" für ihn ein Schimpfwort wie Antisemitismus geworden sei, und dass es sich in diesem Krieg auch um ein sprachliches Problem handle.[3]

Seine kritiklos proserbische Haltung könnte möglicherweise in seiner teilweise slowenischen Abstammung liegen, da er nach anfänglicher strikter Ablehnung sich für die Sprache seiner Mutter und für die Familiengeschichte zu interessieren anfing. Dieses Interesse für das Slowenische kam besonders im Roman „Die Wiederholung" (1986) zum Ausdruck, in dem er der slowenischen Sprache ein literarisches Denkmal setzt und einen Versuch darstellt, eine Traumwelt bzw. Gegenwelt zur (österreichischen) Wirklichkeit zu errichten. Mit der Unabhängigkeit Sloweniens im Jahre 1991 nahm jedoch seine Bewunderung für das Slowenische ein jähes Ende. Die Auflösung des jugoslawischen Staates bedeutete für ihn nicht nur das Ende einer politischen Realität, sondern vor allem das Ende seiner Traumwelt, in der er die im deutschsprachigen Raum so vermisste Wirklichkeit auf intensive Weise erleben könne. Da sich Handke am wohlsten in einem Land fühle, wo man nur Greifbarkeit, Wirklichkeit und Gegenwart spüren kann, so bedeutet für ihn die slowenische Staatsgründung nichts mehr als ein vom Ausland unterstützter Akt des bloßen Egoismus. Daher geht seine Liebe zu Slowenien mit seinem Hass gegen Österreich Hand in Hand und die jugoslawische Teilrepublik Slowenien war ein positiv behaftetes Land, wohin er vor dem realitätsfernen Österreich flüchten konnte.[4]

Auch in dem im Jahre 1996 veröffentlichten Text „Gerechtigkeit für Serbien" geht es ihm um sein „Bedürfnis nach einer überschaubaren Welt, die noch

---

[3] Vgl. Decloedt, Krieg um Peter Handke, S. 199-203.

[4] Vgl. ebd., S. 190f.

erzählbare Züge eines Märchens trägt". Ein Jahr zuvor hat er sich entschlossen, in das Kriegsgebiet zu reisen, und seine Erlebnisse beschreibt er in einem Reisebericht, der seiner Meinung nach „Wort für Wort als Friedenstext" zu lesen sei. „Die meisten Journalisten und Kommentatoren zeigen kein Verständnis für Handkes realitätsferne, romantisch-verklärte Darstellung der Lage am Balkan."[5] Sein Text „Gerechtigkeit für Serbien" löste eine Diskussion aus, die sich um den ewigen Konflikt zwischen Fiktion und Realität, zwischen Journalist und Schriftsteller, zwischen Moral und Ästhetik, zwischen Kurzlebigkeit und Dauer dreht. Eine angemessene ästhetische Reaktion auf politische Ereignisse sei laut Handke eine Sache der Sprache, der Sprachkritik. Auch in seinen Darstellungen über Jugoslawien des Jahres 1996 will er insbesondere zum Nachdenken über die Sprache anregen. „Er will den Menschen bewusst machen, dass die Sprache vor allem von der Presse und von der Politik leicht missbraucht werden kann. Obwohl Handke also immer wieder auf der Position eines unpolitischen Autors harrt, kann man ihm politisches Engagement doch nicht ganz absprechen."[6] So geht es ihm in erster Linie um „die Verteidigung der Dichtkunst" gegenüber der „Tatsachenkunst", den Medien, die den Menschen eine unreale Realität vorführe, in der Wörter ohne Rücksicht auf sprachliche Authentizität eingesetzt werden. „Je härter er die Presse angreift, je mehr er auf seiner ästhetischen Position beharrt, um so schonungsloser sind die Reaktionen."[7]

<u>Fazit</u>: Seine Haltung zu Serbien ist nicht so eindeutig wie dies scheinen mag, und sie ist auch eine konsequente Fortsetzung seiner schon in den 1960er Jahren formulierten Poetik, nach der die Sprache zum Zentrum seiner literarischen Aktivitäten gemacht wird. Seine Äußerungen zu aktuellen Ereignissen sowie die Nähe der Kriegsschauplätze machen es schwierig, in seinen Stellungnahmen vor allem ästhetische und nicht politische zu sehen. Außerdem hat er durch den von

---

[5] Decloedt, Krieg um Peter Handke, S. 192.

[6] Ebd., S. 196.

[7] Ebd., S. 197.

ihm immer wieder erhobenen Wahrheitsanspruch viel von seiner Glaubwürdigkeit verloren. Warum auch immer Handke versucht hat, den Krieg zu literarisieren, dies ist ihm nicht gelungen, aber dafür konnte er seine Leser zum Nachdenken und zu Stellungnahmen bewegen, weil niemand seinen Texten gegenüber gleichgültig bleiben kann.[8]

Peter Handke – sein Werk „Immer noch Sturm"

Das Familien- und Geschichtsdrama „Immer noch Sturm" ist seine neunzehnte Arbeit für das Theater. Das Stück entstand in der Zeit von Dezember 2008 bis Juli 2010 in seinem Haus im Pariser Vorort Chaville. Der konkreten Schreib- und Überarbeitungszeit von eineinhalb Jahren geht jedoch eine lange Entwicklungs- und Konzeptionsphase voraus, deren Dauer sich bislang nur anhand von Aussagen des Autors ermessen lässt: Demnach habe Handke „fünfzehn Jahre an diesem Stück herumgeträumt". Dieses Stück handelt von seiner Familie mütterlicherseits, die der slowenischen Volksgruppe Kärntens angehörte, und spielt in der Zeit des Zweiten Weltkrieges. Während zwei Brüder seiner Mutter im Krieg an der Front fallen, schließen sich die beiden übriggebliebenen Geschwister der Partisanen-Widerstandsbewegung gegen die Nationalsozialisten an. Die „Ich"-Figur tritt im Stück in einen Dialog mit diesen „herbeigeträumten" verstorbenen Ahnen.[9]

- Entstehungskontext

In einem Interview mit *Ulrich Greiner* im November 2010 für *Die Zeit* meinte er, dieses Stück sei „ein Sturm gegen die Geschichte, gegen Geschichte als Fortschrittskategorie". Er schilderte auch, wie das Interesse an den Vorfahren schon in jungen Jahren entstanden ist: „Ich verdanke das meiner Mutter, die mir immer ganz viel von den Toten erzählt hat, von den Brüdern, die sie geliebt hat und die im Krieg gefallen sind. Sie hat erzählt und erzählt, alle Einzelheiten. Das

---

[8] Vgl. Decloedt, Krieg um Peter Handke, S. 207f.
[9] Siehe http://handkeonline.onb.ac.at/node/623 (Zugriff: 14.02.2014).

Leben der Toten hat mich immer beschäftigt, schon *Die Hornissen*, mein allererster Roman, beruhen auf einer Geschichte, die mir meine Mutter erzählt hat und in die ich mich hineingeträumt habe." Acht Jahre nach seinem Erstlingswerk „Die Hornissen" schilderte er in der Erzählung „Wunschloses Unglück" (1972) die Lebensgeschichte seiner Mutter, die im Winter des Jahres 1971 Selbstmord begangen hatte.

Weitere 14 Jahre später nahm er in seinem Werk „Die Wiederholung" (1986) die Geschichte seiner Familie wieder auf, wobei er sie erstmals mit der slowenischen Widerstandsbewegung in Verbindung brachte. Die Familie mütterlicherseits phantasierte er bereits in seinem Werk „Zurüstungen für die Unsterblichkeit" (1997) herbei, an dem er im Jahre 1995 arbeitete und das in vielen Aspekten an dieses Stück erinnert, nicht nur weil dort schon die neunundneunzig Äpfel vorkommen, die im Stück „Immer noch Sturm" Teil des Bühnenbilds wurden. Zwei Jahre vor der Veröffentlichung dieses Stücks schrieb Handke die Erzählung „Die Morawische Nacht" (2008), in der er nach einem imaginierten, in der Zukunft sich ereigneten dritten Weltkrieg in sein Dorf in Kärnten zurückkehrt und dort seinen Familienangehörigen begegnet. Hinsichtlich der im Stück „Immer noch Sturm" thematisierten slowenischen und damit slawischen Herkunft seiner Familie und ihrer Kriegserfahrungen steht das Stück schließlich auch in einem Zusammenhang mit seinen in der Öffentlichkeit umstrittenen Jugoslawien-Texten.

Die Vorarbeiten zu diesem Stück basieren vor allem auf Erinnerungsberichte von Kärntner Slowenen, die am Partisanenkampf teilgenommen hatten, und Handke, der sich vor und während der Niederschrift intensiv mit der Widerstandsbewegung auseinandersetzte, fertigte mitunter umfangreiche Exzerpte dieser Texte an. Dabei dürfte der Erinnerungsbericht von *Karel Prušnik-Gašper* „Gemsen auf der Lawine", das er vermutlich von seinem Freund, dem Verleger *Lojze Wieser*, bereits bei dessen Erscheinen im Jahre 1980 erhielt, eine der wichtigsten Quellen für ihn gewesen sein. Im Jahre 2002 schilderte er in seiner Dankesrede zur Entgegennahme des Ehrendoktorats an der Universität Klagenfurt von seinen Eindrücken bei der Lektüre dieses Buches, dass „er zuerst von der Sprache und von der Einstellung abgestoßen war. Dann habe er neu gelesen und würde alle gutwilligen Menschen ersuchen, dieses Buch als Zeugnis eines kämpferischen, eines tragischen Widerstands im österreichischen oder deutschsprachigen Raum, in Kärnten, zu lesen". Die zum Teil datierten Lektürenotizen in Handkes Exemplar zeigen, dass er sich über Jahre hinweg immer wieder mit diesem Buch beschäftigt und dabei seine eigene Familiengeschichte in diesen Text eingeschrieben hat.

Handke hat sich auch mit anderen Autoren und ihren Erinnerungsberichten ähnlich intensiv auseinandergesetzt, die vorhandenen Lektüreexzerpte stammen aus Texten von: *Tone Jelen, Helena Kuchar, Franc Kukovica, Anton Haderlap, Lisa Rettl* und *Vida Obid* sowie *Lipej Kolenik*. Mit einigen Zeitzeugen und Autoren führte er auch persönliche Gespräche, so ist etwa ein Besuch beim ehemaligen Partisanen *Anton Haderlap* im Herbst 2008 dokumentiert, der ihm, wie man aus Erzählungen des Literaturwissenschaftlers *Klaus Amann* weiß, zum Abschied sein Gedicht „Na severni meji" vorlas, woraus Teile in diesem Stück wiederzufinden sind (siehe S. 163).

Als weitere Inspirationsquellen dienten ihm zudem die Feldpostbriefe, die seine Onkel *Gregor* und *Hans Siutz* im Zweiten Weltkrieg von der Front nach Hause geschickt hatten. Sie befinden sich im Familienbesitz und haben einen für sein Schreiben insgesamt wichtigen Stellenwert, vor allem die Briefe seines Onkels Gregor, des Obstbauers, wurden Handke schon als Kind von der Mutter vorgelesen. Für dieses Stück übernahm er ganze Briefpassagen wortwörtlich (siehe S. 51ff), und ein ebenfalls in dieser familiären Schrifttradition stehender Text ist die im Jahre 1936 entstandene Mitschrift des Onkels *Gregor Siutz* aus der Obstbauschule in Maribor mit dem Titel „Sadjarstvo!", die er dann im Stück zum „heiligen Buch der Familie" (siehe S. 23) ernennt, aus dem zur Erbauung feierlich vorgetragen wird (siehe S. 24f. und S. 51).

Die Exzerpte sind bis auf einzelne Ausnahmen undatiert und müssen wohl (bis auf die Lektüre von *Prušnik-Gašper*) zwischen den Jahren 2007 und 2009 entstanden sein, die Feldpostbrief-Zitate dürften sogar erst im Jahre 2010 in den Text einmontiert worden sein. Selbst während der bereits intensiveren Konzeptionszeit kurz vor Schreibbeginn arbeitete Handke immer an mehreren Projekten gleichzeitig: Im Jänner 2008, ungefähr ein Jahr bevor er „Immer noch Sturm" zu schreiben begann, erschien die im Jahre 2007 entstandene Erzählung „Die Morawische Nacht" und nach einer Kosovoreise im Mai 2008 begann er mit der Arbeit an der sog. Nachschrift „Die Kuckucke von Velika Hoča", die als Buch im Frühjahr 2009 herauskam. Im Sommer 2009, während der Korrekturarbeiten an „Immer noch Sturm", übersetzte er „Helena" von Euripides, wobei er das dort zentrale *Doppelgänger-Motiv* aufgriff und in einen neuen Schluss von „Immer noch Sturm" einarbeitete.

Bevor es zu den Druckfahnen gekommen ist, hat Handke seine Erstfassung weitere viermal überarbeitet, sodass es insgesamt fünf Fassungen dieses Stücks gibt. Der Arbeitstitel lautete in dieser ersten Fassung noch „STORM STILL", der eine wiederkehrende Regieanweisung aus Shakespeares Tragödie „King Lear", aus der er Teile für Luc Bondys Inszenierung im Rahmen der Wiener Festwochen 2007 übersetzt hat, zitiert. Vielleicht wurde er im Zuge dieser Arbeit zum Titel für sein Stück inspiriert. In der zweiten Textfassung setzte er dann den englischen und deutschen Titel „Storm Still" und „Immer noch Sturm" nebeneinander, bis er den Arbeitstitel in der dritten Textfassung endgültig strich. Die zugehörigen Korrekturlisten beschriftete er aber weiterhin mit „STORM STILL". Mit dem Titel veränderte Handke auch die Gattungsbezeichnung des Stücks von einer „Tragödie in fünf Akten" zunächst in ein „Drama in fünf Akten", bevor er sie ganz wegließ.

Als Buch erschien „Immer noch Sturm" am 20. September 2010 im Suhrkamp Verlag. Die Uraufführung fand knapp ein Jahr später am 12. August 2011 auf der Perner Insel in Hallein im Rahmen der Salzburger Festspiele statt. Die

9

Inszenierung wurde im Jahre 2011 mit dem Nestroy-Theaterpreis in der Kategorie „Bestes Stück-Autorenpreis" ausgezeichnet. Im Jahre 2012 erhielt Handke für dieses Stück den „Mülheimer Dramatikerpreis".[10]

- Quellenlage

Die Textgenese lässt sich aufgrund der großen Menge an erhaltenem Material sehr gut nachvollziehen: Das Obstbaubuch „Sadjarstvo!", eine von seinem Onkel *Gregor Siutz* in der Obstbauschule in Maribor angefertigte Mitschrift, spielt in diesem Stück eine zentrale Rolle und wird intensiv eingearbeitet. Im Literaturarchiv Salzburg sind umfangreiche Exzerpte von Handke erhalten, in denen er Texte, die er für seine Arbeit verwendete, zusammenfasst. Neben den Exzerpten gibt es dort auch drei wichtige Quellen: das von Handke annotierte Exemplar „Gemsen auf der Lawine. Der Kärntner Partisanenkampf" von *Karel Prušnik-Gašper*, einen annotierten Teilausdruck aus „Von Neuem" von *Lipej Kolenik* und annotierte Kopien aus „Pesmi" von *Anton Haderlap*.

Es ist anzunehmen, dass Handke auch Lektürenotizen zum Werk „Für das Leben, gegen den Tod" von Lipej Kolenik anfertigte, einem Text, den er in diesem Stück neben anderen Partisanenkampf-Erinnerungsbüchern nachweislich intensiv rezipiert hat. Im eigenen Bestand des Literaturarchivs Salzburg sind neben mehreren Textfassungen auch diverse Korrekturlisten und Exzerpte zugänglich, die eine Grundlage für die Rekonstruktion der Textgenese darstellen. Die Korrekturlisten und die während der Arbeit am Text entstandenen Exzerpte aus den Feldpostbriefen der beiden im Zweiten Weltkrieg gefallenen Onkel von Handke bieten weitere Einblicke in die Arbeitsweise des Autors und in die Genese des Textes. Die slowenischen Textstellen sind vom Literaturwissenschaftler und Übersetzer *Fabjan Hafner* lektoriert worden.[11]

---

[10] Siehe http://handkeonline.onb.ac.at/node/623 (Zugriff: 14.02.2014).

[11] Siehe http://handkeonline.onb.ac.at/node/624 (Zugriff: 14.02.2014)

- Das slawische Element in diesem Stück

In diesem Stück in fünf Akten stehen seine Vorfahren mütterlicherseits mit slowenischer Abstammung im Mittelpunkt:

- o „Ich"-Figur, seine Mutter und Großeltern;
- o Gregor, der älteste Bruder der Mutter;
- o Valentin, der zweitälteste, und Benjamin, der jüngste Bruder;
- o Ursula („Snežena"), die Schwester der Mutter.

Szene: eine Bank auf einer Heide im Jaunfeld, dahinter ein Apfelbaum!

Eins (S. 7-43):

Die „Ich"-Figur schildert die Begegnung und Begrüßung mit ihren Vorfahren, in der auf das slawische Element mehrmals hingewiesen wird: „Hallo, Frau Mutter! (…) Und noch immer redest du mit deinem landfremden Akzent, als ob die Truppen Napoleons weiterhin die Herren von Kärnten und Krain wären, du Karawankenfranzösin du. Guten Tag, Großmutter, stara mati, dober dan. Guten Tag, Großvater, stari oče, dober dan, tesar bzw. Zimmermann. Guten Tag, Onkel und Taufpate Gregor, moj stric in moj boter, mein Onkel und mein Pate, dober dan. Guten Tag, teta, (…). Cheers, Mutterbruder Valentin, Englischsprecher of our family (…). Guten Tag und dober dan, stric Benjamin, Fastkind du, (…)" (S. 10f). Bei der Beschreibung der Gegend durch die Mutter wird das slawische Element topomastisch greifbar: „Doch, das hier ist unsere Gegend. Es ist das Jaunfeld, im Land Kärnten, slowenisch Koroška, lepa Koroška, das schöne Kärnten. Und da hinten irgendwo mußt oder kannst du dir unsere Saualpe oder die Svinjska planina vorstellen, die (…) in Wirklichkeit nach dem Blei, in unserer Haussprache svinec, heißt, dem Blei oder svinec innen im Berg, von welchem die wüsten Sommergewitter auf der Svinjska planina oder Saualpe (…). Auf die Saualpe gehen, heißt bei uns: glückselig gehen, ohne Bleifüße gehen" (S. 12). Als die Sprache auf die Gegend hinter den Karawanken kommt, versucht die „Ich"-Figur ihre Ausführungen weiterzuspielen: „Aber Jugoslavija, das gibt es doch seit Ewigkeit nicht mehr, nicht das königliche nach dem Ersten,

11

und erst recht nicht das ohne König nach dem Zweiten Weltkrieg" (S. 13).

Daraufhin bricht die Mutter eine Debatte über die Sprache vom Zaun, die von Valentin zu Ende gebracht wird mit dem Hinweis auf den Vater deutscher Abstammung der „Ich"-Figur. Indirekt wird darauf hingewiesen, dass er nicht wirklich ein volles Mitglied der Familie sei. Der Großvater pflegt im Familienkreis Kurzgeschichten zu erzählen, in denen die Vorrangstellung des Deutschen zum Ausdruck kommt: „Hat nicht auch deiner Mutter dann so ein Deutschsprecher den slawischen Kopf verdreht, mon petit fils, moj vnuk, mu engene, mi nieto? Hochdeutsch sprechen hat bis weit in den Zweiten Weltkrieg hinein in unsere Gegend nicht bloß die Haus- und Hoftore geöffnet. Wer rein deutsch sprach, versprach, ein Herr zu sein. Deutsch, das war damals der Magnetpol für die hiesigen Weiberleut" (S. 19f). Schließlich tritt der älteste der Geschwister, Gregor, hervor und verkündet aus dem heiligen Buch der Familie: „Mein weithin berühmtes Werkbuch zum Obstbau, Titel: ‚Sadarstvo!', das ist Obstwissenschaft, mit Rufzeichen!, oder eben Obstbau, eine Mitschrift von mir, Gregor Svinec oder Gregor Bleier – wie unser Name, wie du weißt, oder nicht weißt, dann zwangseingedeutsch wurde (…)" (S. 23). Hier wird auf die Eindeutschung slowenischer Namen durch die Nationalsozialisten hingewiesen. Daraufhin folgt ein Gesang der Mutter, in dem sie die Geschehnisse im Jahre 1936 und unter anderem auch ihren jüngsten Bruder besingt: „Umgehend heimgeflüchtet aus dem Heim, nichts wie heim aus dem griechischen, dem Lateinischen, heim aus dem Deutschen, gleich heim in den Stall zu den seichenden, furzenden, scheißenden Tieren, nichts wie heim in den heimischen Dialekt und zu seinen Lauten aus dem Land namens Ur, unbefleckt von jeglicher Geisteskultur" (S. 31). Hier wird der Status des Slowenischen als minderwertige, sog. „Stallsprache" besonders deutlich. Gegen Ende der ersten Begegnung mit seinen Vorfahren fragt die „Ich"-Figur, was sie heute gefeiert haben, und Gregor antwortet: „Unser Hausfest. (…) Ich habe es bei uns eingeführt, nach meiner Rückkehr aus Jugoslawien, wo es slavje heißt, das Fest des Hauses und der Familie" (S. 39). Daraufhin erwidert die Schwester Ursula im düsteren Tonfall: „Dem sein slavje: Propaganda. Mit all seinem Propagieren unseres Slawentums und Auf-die-Fahne-Schreiben, unserer Haus- und Hofsprache als einer Markt-, Stadt-, und nein, nicht Landes-, vielmehr Staatssprache hat er dem Haus kein Fest beschert, und schon gar kein frohes, sondern den Zwist. Der mit seinem ewigen Jugoslawien. Seinen höchstpersönlichen Traum hat er, voreilig, wie er ist, uns allen aufzwingen wollen" (S. 39f). Hier wird auch auf die Traumwelt des Autors angespielt, für den der jugoslawische Staat die Verwirklichung seiner Ideen bzw. Vorstellungen dargestellt hat.

Zwei (S. 44-70):

Die „Ich"-Figur ist nun allein auf der Heide, als seine Mutter die Szene betritt und sich ein Dialog entwickelt. Im Laufe des Dialogs kommt das slawische Element deutlich zum Vorschein: „Nas ne bodo odvedili slovenščine. Sie werden uns die slowenische Sprache nicht abgewöhnen. Weit mehr als früher werden wir nun unsere Muttersprache ehren. Was die Mutter gegeben hat, wird uns niemand entreißen. Was wir sind, das sind wir, und niemand kann uns vorschreiben: Du bist ein Deutscher. Kar smo, to smo, nihče nam ne more predpisati: ti si Nemec. Eine grausame Zeit ist das, und am liebsten möchte ich alles verkehrt machen" (S. 51f). Die „Ich"-Figur fragt nach dem bis jetzt Geschehenen, da sie sich nun in der Kriegszeit befinden. Die Mutter gibt willig Auskunft: „Sagen wir, es ist das Jahr neunzehnhundertzweiundvierzig, und wieder ein später Sommer wie vor sechs Jahren, oder ein früher Herbst, das Getreide, bis auf die Ajda – ah, verbotenes Wort!, verboten unsere Sprache -, den Buchweizen, eingebracht, das Vieh noch auf der Weide" (S. 53). Mit dem Wort „ajda" als verbotenes Wort wird die Eindeutschungspolitik der Nationalsozialisten nach dem Motto: „Kärntner, sprich deutsch!" charakterisiert. Als kurzes Zwischenspiel folgt nun ein Monolog der Mutter, indem sie in die Rolle einer Einheimischen sowie eines deutschen Offiziers schlüpft, der der

Einheimischen befiehlt, in der Öffentlichkeit hierzulande ausschließlich deutsch zu sprechen. In einer nächsten Szene liest Großvater die ersten Feldpostbriefe der Brüder von der Front den übrigen Familienmitgliedern vor. So berichtet Valentin, dass sie keine Sorgen um ihn machen sollen, da er gar nicht weiß, was „das ist, eine Sorge, in unserer Stallsprache ein hart in den Ohren klingendes Wort: skrb, otrok ga skrbi, er sorgt sich ums Kind -" (S. 64). Daraus ist zu entnehmen, dass sogar weit weg von der Heimat das slawische Element stets präsent zu sein scheint.

Drei (S. 71-99):

Zu Beginn dieses Akts beschreibt die „Ich"-Figur die Entwicklung des Widerstandes von den „Grünen Kadern" bis zur organisierten Partisanenbewegung, und die beiden Brüder Gregor und Valentin treten auf den Plan, die gerade ihren Heimaturlaub von der Front verbringen. Gregor lässt seinen Bruder wissen: „Ja, die Fronten warten schon, in allen Richtungen des hiesigen Himmels, der unsere Heimstätte, naša hiša, naša domovina ist: die Ostfront, die Westfront, deine Nordfront in Norwegen, meine Südfront auf dem Balkan. Aber sollen sie warten!" (S. 80) Valentin zweifelt daran, dass er in die Wälder gehen wird und entgegnet: „Keine Chance. Nema šanse. (…) Was für eine Entscheidung, Bruder? Für unsere Mutter-, Vater-, Kinder- und Haus-, Herd- und Stall-Sprache, für unsere slawischen oder illyrischen oder ostgotischen oder sonstwelche Urlaute, in denen angeblich, wie du behauptest, die Seele von unsereinem sich ausspricht, die angeblich die Sprache der Liebe und des Landes selber ist? (…) Was mich betrifft: ich habe mich längst entschieden. Und meine Entscheidung heißt: Westen. Westwelt. Heraus aus der Eingeschlossenheit in die Berge und in die verstockte berglerische Sprache. Ins Offene. Weltbürger werden. (…) Sogar Deutschland ist für mich schon der Westen, das Weltoffene" (S. 82). Hier kommt klar die Spaltung der slowenischen Volksgruppe in westlich bzw. deutsch Gesinnte und slawisch bzw. slowenisch Gesinnte zum Ausdruck, die sich in Kärnten quer durch die Familien gezogen hat. Während Valentin für den Westen, vor allem England und Amerika sowie für die englische Sprache schwärmt, beharrt Gregor auf die Heimatverbundenheit sowie dem einheimischen Dialekt. Als Gregors Entscheidung in der Familie bekannt wird, dass er seiner Schwester, Tante Ursula, zu den Partisanen folgen wird, versucht ihn die Mutter davon abzuraten, da sie Angst um die Großeltern, die Liegenschaft und das Land vor Repressalien der Deutschen habe. Nun tritt eine Frau in Militärmantel und Lederstiefeln sowie einer Mütze mit dem Fünfzackstern auf den Plan, die sich als Tante Ursula entpuppt und von der Osvobodilna fronta, der slowenischen Befreiungsfront, berichtet. Sie habe einen neuen Namen, Snežena, und spricht Gregor Mut zu: „Aber auch so werden wir siegen, Gregor, zmag(a)la bova…, wir zwei, so wahr es in unser beider Sprache die Zweizahl, den Dual, gibt, bova…, nicht wahr, Gregor? Und so wirst auch du dich jetzt umbenennen und einen Kampfnamen annehmen" (S. 93f). Da sich Gregor weigert, einen neuen Namen anzunehmen, nimmt Ursula alias Snežena die Umtaufung vor und nennt ihn als Obstbauer nach einem seiner Apfelsorten, Jonatan. Interessant ist diese Textstelle aus grammatikalischer Sicht, da auf die Besonderheit der Zweizahl, die sich im Slowenischen erhalten hat, hingewiesen wird.

Vier (S. 100-133):

Die „Ich"-Figur sitzt alleine auf der Bank in der Heide des Jaunfelds und siniert über die aktuellen Kriegsgeschehnisse sowie den wachsenden slowenischen Widerstand in Kärnten des Jahres 1943. Hierbei wird deutlich, dass der Widerstand vom einfachen, slowenischsprechenden Volk getragen wird, während sich die Gebildeten bzw. deutschsprechende Oberschicht ihm gänzlich entziehen. Später gesellen sich die Großeltern hinzu und bald nähert sich ihnen Gregor alias Jonatan, der vom Leben im Wald erzählt. Auf die Frage des Großvaters, was sie außer sich zu verstecken noch so tun, meint er, dass sie den Frieden planen: „Wir werden nicht mehr die unerwünschten und verwünschten Fremden sein im Land zwischen den Karawanken und der Svinjska planina.

Niemand mehr wird uns ‚verbissene Slowenen' schimpfen. Seit jeher sind wir hier die Letzten gewesen, in der Monarchie, dann in der Republik, dann im Ständestaat, und erst recht jetzt bei den Tausendjährigen. (…) Jedenfalls wird dieses Land dann endlich einmal auch unser Land sein, zum ersten Mal in der – Geschichte, liebe Eltern" (S. 108). Zu dieser Vision ist es ja aus bekannten außenpolitischen Gründen nach dem Krieg nicht gekommen, sondern gerade das Gegenteil ist eingetreten: die slowenische Volksgruppe hat sich in der Zweiten Republik am stärksten assimiliert. Nachdem die Großeltern wieder alleine sind, kommen sie auf die Eindeutschung ihres Namens zu sprechen: „Sie haben unseren schönen Namen eingedeutscht! (…) Nicht mehr ‚Svinec', s-v-i-n-e-c – nein, wir müssen uns nun ‚Swinetz' schreiben, bei schwerer Strafe! (…) Te, zet, te, zet – zuerst die Hunnen, dann die Türken und jetzt die Schwaben, diese drei. Die schlimmsten aber sind die Deutschen!" (S. 110) Dieser gesamthistorische Bezug macht deutlich, dass das Slowenische in seiner Existenz noch nie so bedroht war wie eben jetzt. Die Zeit vergeht auf der Bank inmitten des Jaunfelds und es tauchen abwechselnd Gregor und Ursula auf, die vom Partisanenleben berichten. Zuerst scheinen sie sehr betrübt zu sein, jedoch im Laufe der Zeit ändert sich ihre Befindlichkeit. Nun kommt wieder Gregor alias Jonatan aus dem Hintergrund daher, seine Waffe streichelnd und von weitem lachend, und beginnt gleich zu sprechen: „Živio, Eltern, zdravo! Kapitulation von denen nur noch eine Frage der Zeit – (…) Und alle jugoslawischen Völker, alle haben sich inzwischen befreit und sind auf unserer Seite. (…) Zum ersten Mal in unserer Geschichte werden wir frei sein, Eltern. Frei vor allem, unsere Sprache zu sprechen. (…) Und auch jetzt im Krieg, sooft ich jenseits der Karawanken war, konnte ich es nicht erwarten, heim zu kommen, hierher zur Svinjska planina, an unsere Sprachgrenze, Heimweh, ewigliches, domotožje, od vekomaj do vekomaj. Heimweh nach dem schönen Kärnten, nach der lepa Koroška, weiblich in unserer Sprache…" (S. 125f). In dieser Textstelle wird nicht nur auf die slowenische Sprache Bezug genommen, sondern auch auf den slawisch geprägten Heimatbegriff. Nachdem er den Großeltern von seinen beiden Schwestern, von denen eine sich in Deutschland befindet und die andere gefangen genommen worden ist, berichtet hat, ist er wieder verschwunden. Die Zeit auf der Jaunfeldheide vergeht und es herrscht immer noch Sturm. Nun kämpft sich Gregor in den windstillen Vordergrund mit seiner Schwester Ursula alias Snežena in den Armen. Er bedauert zutiefst, dass er sie nicht mehr hat retten können, und auf die Frage der Großmutter, ob sie noch was gesagt habe, erwidert er: „Ja: ‚Unser Vater hat das Wort Liebe ja nicht hören können. In meinem Haus keine Liebe. V moji hiši ni ljubezni. Aber ich liebe euch alle. Ampak jaz vas vse ljubim'" (S. 133).

Fünf (S. 134-166):

Die „Ich"-Figur führt mit Gregor ein Gespräch über die Entwicklung in Kärnten sowie die Nachkriegsereignisse, wobei sich Gregor beschwert, dass er „unsere Sprache" nicht verstehe. Zuerst erzählt er ihm vom 8. Mai 1945, der der schönste Tag in seinem Leben gewesen sei, und kommt auf die schöne Heimat zu sprechen: „Ah, überhaupt die Schönheit der Orts- und Flurnamen des Jaunfelds heutigentags, egal welcher, der einsilbigen wie der mehrsilbigen, der deutschen wie der slowenischen, ob Aich oder Dob, ob Lipa oder Lind, ob Pliberk oder Bleiburg, ob Saualpe oder Svinjska planina, ob Diex od Djekše, ob Altendorf oder Stara vas, ob Gallizien oder Galicija" (S. 137f). Diese Textstelle ist ein Hinweis auf das historisch gewachsene zweisprachige Namensgut in Kärnten. Am Ende seines Monologs sagt er der Assimilation den Kampf an: „Alle Macht war beim Volk, endlich, und gleichzeitig ist unser Sagen-König Matjaž mit seinem Heer aus den Höhlen des Petzengebirges nach jahrtausendlangem Schlaf hinaus ins Land gezogen. Unsere Sprache, unsere Macht. Jenseits der Sprache bricht die Gewalt los. Höchste Gewalt tötet die Sprache, und mit ihr den Einzelnen, dich und mich. In der Sprache bleiben. Auf ihr beharren!" (S. 139f) Daraufhin berichtet die „Ich"-Figur in der Rolle eines Boten über die politische Nachkriegsentwicklung in Kärnten, indem er die

Briten als neue Machthaber beschreibt: „Eure Sprache wird schon wieder befeindet, und ihre einheimischen Gegner, (…) sind ein Herz und eine Seele geworden mit den Besatzern, die nicht bloß eure Kriegswaffen mit Beschlag belegen, sondern auch eure Sprache." Gregor entgegnet: „Und keiner von den neuen Besatzern spricht unsere Sprache, und wenn wir in ihre Ämter bestellt sind, müssen wir uns über Dolmetscher verständigen, und alle die waren im Krieg mit den vorigen Besatzern zusammen, (…), waren unsere Todfeinde, aus unserem eigenen Volk" (S. 141). Hier spricht der Autor unter anderem auf die Tatsache an, dass die britische Militärverwaltung in Klagenfurt das Slowenische als Amtssprache abgelehnt hatte. Die „Ich"-Figur thematisiert nun die Rückkehr der ausgesiedelten slowenischen Familien und prophezeit, dass die slowenischen Kulturveranstaltungen sowie Feste laufend gestört werden. Gregor bleibt nur übrig, diese Botschaften mit seinen Erlebnissen aus dem Alltagsleben zu bestätigen. Kummervoll meint er: „Das Neue Jugoslawien, die einzige Möglichkeit: zu meinem Kummer, zu meinem Leibwesen! (…) Mein Herz ist im Jaunfeld. Das Neue Jugoslawien, es ist bloß der letzte Ausweg" (S. 144). Hier wird die Treue sowie Verbundenheit des einfachen, slowenischsprechenden Volkes zur Heimat, aber auch dessen Machtlosigkeit zum Ausdruck gebracht. Auf die außenpolitischen Weichenstellungen der Jahre 1948/49, als es nun immer klarer wurde, dass Südkärnten Teil des österreichischen Staates bleiben wird, erwidert Gregor resignierend: „Und das ist der Lohn dafür, daß wir die einzigen waren, die (…) gekämpft haben um die Befreiung des Landes (…). Ein Land, das uns nicht will, und das gerade dank uns neu als Staat dastehen darf, in dem Erdteil ganz inmitten" (S. 148). Diese Worte spiegeln die österreichische Politik der Zweiten Republik prägnant wider, die zwar den bewaffneten Widerstand in Kärnten als Trumphkarte bei den Verhandlungen zum Staatsvertrag ausspielte, aber eine mehr als vertragsunwürdige Minderheitenpolitik nach 1955 betrieb. Gregor fügt noch hinzu: „Wir haben demnach zu gehen, endgültig. Oder zu verstummen, von Volkszählung zu

18

Volkszählung, von Busfahrt zu Busfahrt, von Wirtshausbesuch zu Wirtshausbesuch" (S. 149). Der Autor spielt auf die „erfolgreiche" Assimilierungspolitik der Zweiten Republik an, da sich die slowenische Volksgruppe in nur wenigen Jahrzehnten drastisch dezimiert hat. So beklagt sich Gregor, dass nicht einmal die alte Schreibung im Land erneuert worden ist und er sich weiterhin als Swinetz zu schreiben hat. In weiterer Folge entwickelt sich nun ein Streitgespräch zwischen der „Ich"-Figur und Gregor über die Sinnhaftigkeit der Geschichte, des Krieges und Friedens sowie auch der eigenen Wurzeln. Die „Ich"-Figur bekundet ihr lebhaftes Interesse an ihre Vorfahren, das sich in Liebe gesteigert habe: „Dank euch werde ich das Jaunfeld hier und mit ihm das Land zwischen den Karawanken und der Svinjska planina immer hoch halten – (…). Ich bin einverstanden mit meinem Sterben. Aber nicht mit dem euren, Vorfahren, nicht und nicht, ewig nicht" (S. 154f). Die Besinnung auf seine eigenen, slowenischen Wurzeln ist hier das zentrale Thema des Autors. Er lässt Gregor das Streitgespräch folgend enden: „Ach, all die Geschichten zu unserem Lebens- und Überlebenskampf, von unserem Kampf um unsere Slovenščina, um die Worte unserer Sprache, za besede našega jezika, um die Worte unserer Seele, za besede naše duše, all die Geschichten, die jeden angehen – (…)" (S. 156). In diesen Worten kommt eine gewisse Melancholie zum Vorschein, indem Gregor den Sprachverlust bzw. das langsame Verschwinden des Slowenischen in Kärnten zur Sprache bringt. Zum Ende des Stücks lässt der Autor nochmals die vollzählige Sippe auftreten, ein jeder, wie er leibt und lebt. Gregor schließt mit den Worten: „Einmal die Heimat verloren – für immer die Heimat verloren. Es herrscht weiterhin Sturm. Andauernder Sturm. Immer noch Sturm" (S. 161). Daraufhin beginnen alle im Wettbewerb zu singen und schließlich tanzen sie gemeinsam ihren jahrhundertealten Weltverdruß-Walzer, umgewandelt in eine Polka, die sog. „Weltverdruß-Polka", mitten unter ihnen auch die „Ich"-Figur.

Resümee

Das Stück „Immer noch Sturm" in fünf Akten handelt von Peter Handkes Familie mütterlicherseits, die der slowenischen Volksgruppe angehört, und sich in der Zeit vor, während und nach dem Zweiten Weltkrieg abspielt. Handke tritt als „Ich"-Figur im Stück in einen Dialog mit seinen „herbeigeträumten" Ahnen auf einer Bank auf einer Heide des Jaunfelds, indem er das slawische Element stark betont. Im ersten Akt befinden sie sich im Jahre 1936 und die einzelnen Familienmitglieder werden vorgestellt bzw. charakterisiert. Ihre Sprache ist das zentrale Thema, indem vor allem der minderwertige Status des Slawentums gegenüber dem Deutschtum angesprochen wird. Der zweite Akt spielt im Jahre 1942 und die „Ich"-Figur verstrickt sich in einen langen Dialog mit seiner Mutter, die ihm die aktuelle Situation vor Augen führt und das Verbot, die slowenische Sprache in der Öffentlichkeit zu gebrauchen, beklagt. Im dritten und vierten Akt stehen die Entwicklung des slowenischen Widerstands seit dem Jahre 1943 im Mittelpunkt und dessen Befürwortung bzw. Ablehnung geht quer durch die Familie. Während sich zwei Familienmitglieder der Partisanenbewegung anschließen, stehen die übrigen ihr reserviert gegenüber. Außerdem zeigt sich die ideologische Spaltung anhand der beiden Brüder Gregor und Valentin, indem der erste ein Verfechter des Slawentums und der zweite dem Deutschtum bzw. dem Westen zugeneigt ist. Im fünften Akt werden die Nachkriegsereignisse beleuchtet, indem die „Ich"-Figur in einen langen Dialog mit Gregor tritt. Die „Ich"-Figur schlüpft in die Rolle eines Boten, indem sie die außenpolitischen Entwicklungen während der Besatzungszeit verkündet, und Gregor berichtet anfänglich mit Enthusiasmus vom Sieg über die Deutschen, um bald resignierend von der neuerlichen Unterdrückung des Slowenischen unter britischer Duldung sowie den unaufhaltsamen Sprachverlust bzw. das langsame Verschwinden des Slowenischen in Kärnten zu thematisieren. Am Ende des Stücks ist die ganze Familie singend und tanzend wieder vereint und die „Ich"-Figur als vollwertiges Mitglied akzeptiert.

Literatur:

- Decloedt, Leopold R. G.: Krieg um Peter Handke. Handke und seine Haltung zu Serbien, in: *Studia austriaca* 8 (2000), S. 189-208.
- Handke, Peter: Immer noch Sturm. Berlin 2012.

Internetquellen:

- Handke online (abrufbar unter http://handkeonline.onb.ac.at/).